À partir du 1ᵉʳ novembre 1841 une livraison de la *Galerie Dramatique* paraîtra exactement le samedi de chaque semaine. Le deuxième et dernier volume sera terminé le 18 mars 18..

MAGASIN THÉATRAL.

CHOIX DE PIÈCES NOUVELLES,

JOUÉES SUR TOUS LES THÉATRES DE PARIS.

THÉATRE DU GYMNASE-DRAMATIQUE.

CALISTE,

Comédie-vaudeville en un acte.

40 cent.

PARIS.

MARCHANT, ÉDITEUR,
Boulevart Saint-Martin, 12.

BRUXELLES :
TARRIDE, LIBRAIRE, PASSAGE DE LA COMÉDIE.

Au 15 novembre les *Œuvres dramatiques* de Scribe seront complètes: chaque volume in-8°, jésus, à deux colonnes, illustré de 24 gravures sur acier. Prix : 12 fr.

SCÈNE IV.

CALISTE,

OU

LE GEOLIER,

COMÉDIE-VAUDEVILLE EN UN ACTE,

par MM. N. Fournier et Louis de Burgos.

REPRÉSENTÉE POUR LA PREMIÈRE FOIS SUR LE THÉATRE DU GYMNASE-DRAMATIQUE, LE 30 OCTOBRE 1841.

PERSONNAGES.	ACTEURS.
PIERRE.	M. Tisserant.
VALENTIN.	M. Rhozevil.
CALISTE DE BIERZAC.	Mme Léontine Volnys.

À Bordeaux

Le théâtre représente une salle d'ancien couvent, dont on a fait une prison ; au fond une croisée praticable, sur laquelle est un rosier ; près de là un tabouret ; à droite, au premier plan, porte de la chambre de Caliste ; près de cette porte, un siége ; au deuxième plan, une petite table sur laquelle on voit plusieurs morceaux de musique ; à gauche, au premier plan, une table, sur laquelle il y a une lampe allumée et une écritoire avec une seule plume ; au deuxième plan, porte d'entrée, donnant sur un corridor. Sur le devant du théâtre, un vieux fauteuil ; au milieu du théâtre, une harpe.

SCÈNE PREMIÈRE.

PIERRE, *au fond, près de la porte de gauche, qu'il tient ouverte.*

Il est de grand matin, le jour n'est pas entièrement venu ; le théâtre s'éclaire progressivement jusqu'au moment où Pierre éteint la lampe.

C'est bien, citoyens, merci... buvez tous les deux à ma santé... mais en tête à tête ; et prenez garde surtout que le vin ne vous porte à la langue ! (*Il referme la porte.*) Diable ! c'est qu'aujourd'hui la discrétion doit être à l'ordre du jour... Heureusement le poste du guichet ne s'est douté de rien ; d'ailleurs, dans une prison, quand il ne s'agit que d'entrer... on est coulant ! (*Il place la harpe au fond du théâtre près de la croisée.*) Si la commune apprenait que j'ai fait enlever cette harpe de l'ancien château de mademoiselle Caliste pendant la nuit, et que je l'ai placée ici, dans sa prison, pour la distraire... oh ! j'entendrais bientôt sonner le tocsin, et le peuple de Bordeaux s'insurgerait en masse contre un geôlier trop complaisant. Ce n'est pourtant pas mon défaut ! ce n'était pas là ce qu'on me reprochait au régiment, quand j'étais sergent-major, avant que ma blessure m'eût forcé à quitter le service !

AIR : *J'en guette un petit de mon âge.*

Je n'ai pas l'humeur très-commode.
Et dans ma section, avant-hier,
Des sobriquets suivant la mode,
On m'a surnommé Bras-de-fer.
Eh ! parbleu! j'aurais bonne envie,
En vrai soldat, et sans façon,
De faire sentir mon surnom
Aux ennemis de la patrie.

Mais une pauvre petite femme si faible, si délicate, une orpheline, je n'appelle pas ça une ennemie, moi.... Les autres, mes camarades, l'auraient déjà fait mourir de chagrin, depuis quinze mois qu'elle est ici, tandis que moi !... A présent surtout que cette vieille servante est tombée malade et l'a laissée seule, je fais tout ce que je peux pour qu'elle se trouve en prison tout-à-fait comme chez elle... C'est difficile : deux petites chambres donnant sur une cour étroite, une espèce de puits, et à soixante pieds du pavé... pas moyen de changer la vue... Tout ce que j'ai pu supprimer, ce sont les gros barreaux que le procureur de la commune allait faire mettre à ses croisées quand on a transformé en prison ce vieux couvent parce que le château Trompette était trop plein. J'ai bien aussi tâché d'arranger sur la terrasse, de l'autre côté du préau, une espèce de jardin d'agrément, quatre ou cinq tulipes; mais l'aura-t-elle seulement remarqué?... Mes hommes n'ont pas fait de bruit, elle dort encore... (*Il éteint la lampe et s'assied près de la table à gauche.*) Pauvre demoiselle!.. on parlait hier d'une visite générale des prisons... Quel moment dangereux! les prisonniers qu'on avait oubliés, on les retrouve alors... Elle qui devait être jugée il y a un an!... ça aurait mieux valu peut-être; car, à présent, ça chauffe là-bas de plus en plus. On dit que c'est cette semaine que le nouveau commissaire doit arriver de Paris... Ah! j'ai peur pour elle, et je fais tout ce que je peux pour lui cacher mes craintes; il vaut bien mieux qu'elle ne se doute de rien, et s'il devait arriver quelque catastrophe, qu'au moins elle soit heureuse jusqu'à la fin. (*Se levant.*) Du bruit dans sa chambre... déjà levée! Ordinairement un geôlier ne fait pas de façons... il entre quand il veut : Me voilà, bonjour! et il reste si ça lui plaît... Eh bien! moi, j'aime mieux qu'elle m'appelle; au moins je sais, quand je viens, que ça lui fait plaisir.

AIR de *Préville et Taconnet.*

Pendant la nuit, seulement, à sa porte
Je me glisse comme un voleur ;
Mais au lieu d'emporter, j'apporte
Ce qui peut tromper sa douleur,
Et je la laisse ensuite à son bonheur.
C'est tout profit qu'une telle conduite,
Car d'un côté je ne sais trop pourquoi
Je ne peux pas parler quand je la vois,
Et de l'autre, quand je la quitte,
Il reste quel'que chos' pour lui parler de moi.

Il sort à gauche.

SCÈNE II.

CALISTE, *seule, entrant à droite; elle tient à la main un petit ouvrage de broderie.*

Il n'est que sept heures!... Ah! mon Dieu! que cette journée sera longue!... j'espérais avoir dormi plus long-temps... Pour nous, hélas! qui sommes condamnés à souffrir, le sommeil est le premier des biens... c'est autant de retranché sur la vie. J'avais fait un rêve si heureux! Oui, je me croyais encore au château de mon pauvre oncle, le seul parent qui m'était resté, et qui maintenant... Quelques amis, ceux qui ne sont plus ou qui sont dispersés aujourd'hui, se pressaient autour de moi : ils me souriaient, et je dessinais sous leurs yeux, dans la campagne, le ciel, les eaux, la verdure, toutes ces merveilles que je ne peux plus voir!... Ma pauvre vieille Marguerite m'a souvent reproché d'être un peu romanesque ; elle me le pardonnerait aujourd'hui... la tête s'exalte dans une solitude continuelle... Oh! les paroles que j'entendais alors, les regards bienveillans que je rencontrais, les lieux habités par ceux qui m'ont aimée, le souvenir de bonheur perdu depuis si long-temps, se retrace nuit et jour à mon imagination ; mais, hélas! le réveil arrive, et la pauvre prisonnière se retrouve seule, toujours seule... Que dis-je ? je suis ingrate... oui, il y a ici quelqu'un qui me protége d'une manière presque invisible, et qui s'efforce de me distraire... Hier, ce livre que j'ai trouvé là, sur la table... il y a quelques jours, ces roses que j'avais désirées, et qui sur ma croisée... (*Apercevant la harpe.*) Ah! mon Dieu! cette harpe?... est-ce possible?... et ce chiffre! ah! c'est le mien! c'est cela, j'en parlais hier... Oh! maintenant je ne m'ennuierai plus... voyons... (*Elle promène ses doigts sur les cordes.*) Oh! que la joie est égoïste!... je suis là à jouir de mon bonheur, sans songer à celui qui me l'a procuré; car c'est lui, toujours lui! cet homme dont la rudesse s'est adoucie comme par miracle!... Ah! je m'en veux, c'est bien mal... Qu'il vienne, au moins! Mais il n'osera pas entrer sans que je l'appelle... Eh bien! comme dans je ne sais quel conte de fées, je vais évoquer mon bon génie. (*Elle frappe trois coups à la porte; on tire le verrou en dehors.*) Il est toujours là!

SCÈNE III.

CALISTE, PIERRE*.

CALISTE.

Venez, monsieur Pierre.

* Les personnages sont placés dans l'ordre indiqué en tête de chaque scène, en commençant par la droite du public.

PIERRE, *s'arrêtant sur le seuil pendant qu'elle est allée s'asseoir à droite.*
Mam'selle...

CALISTE.
Approchez-vous.

PIERRE, *à part.*
Elle va me remercier, c'est ennuyeux !

CALISTE.
Approchez-vous donc, je vous en prie.

PIERRE, *s'approchant.*
Puisque vous le voulez...

CALISTE.
En vérité, on dirait que c'est vous qui êtes mon prisonnier.

PIERRE.
Eh mais, si vous voulez me garder...

CALISTE.
Que de reconnaissance ne vous dois-je pas !... tant de bontés pour une captive...

PIERRE.
Bah ! laissez donc !

CALISTE.
Cette réserve, ces égards...

PIERRE.
Bon ! parce que je ne vous tutoie pas et que je ne vous appelle pas citoyenne ?... Est-ce que je le pourrais ?

CALISTE.
Et puis, tous les matins, ne m'avez-vous pas habituée à trouver sur ma table...

PIERRE.
Quelques douceurs pour votre déjeuner ?... Parbleu, oui, on vous mettra au pain et à l'eau comme les autres, vous !... D'ailleurs votre travail suffit, et au-delà...

CALISTE.
C'est si peu de chose...

PIERRE.
Allons donc ! cet ouvrage-là se vend bien, très-bien ! (*A part.*) Si elle savait que c'est du luxe, et qu'on n'en veut plus aujourd'hui, même pour rien !

CALISTE.
Enfin, cette nouvelle attention...

PIERRE.
L'instrument ?... s'il est en bon état, et si vous êtes contente, ça suffit.

CALISTE.
Contente ! oui, je devrais l'être... Mais, hélas ! quand je réfléchis... ces nouveaux soins pour l'avenir... je dois donc rester ici bien long-temps encore ?

PIERRE.
Par exemple ! (*A part.*) Où va-t-elle songer ?... (*Haut.*) Pas du tout ! ça se calme à Paris, ça va très-bien !

CALISTE.
Dieu le veuille ! mais je crains que l'on ne pense plus à moi !

PIERRE.
Si fait ! (*A part.*) Ça serait peut-être plus heureux !

CALISTE.
Mais prenez bien garde, monsieur Pierre ; si l'on venait à soupçonner... Croyez-moi, j'aimerais mieux endurer toutes les privations que de vous exposer...

PIERRE.
Laissez donc, il n'y a pas de danger, et quand il y en aurait, tant mieux, morbleu ! si ça m'amuse, moi, de courir des dangers !

CALISTE.
Se peut-il ? Et cependant vous ne m'aviez jamais vue avant le jour où des furieux envahirent le château de mon oncle.

PIERRE.
C'est vrai.

CALISTE.
Ah ! je me rappelle... glacé de terreur à leur approche, je vis un homme se détacher de leurs groupes et s'élancer vers moi pour me protéger... Je tombai à ses pieds sans connaissance avant d'avoir pu distinguer ses traits, et quand je revins à moi, dans les bras de ma vieille Marguerite, je vous trouvai là, dans cette chambre, les yeux fixés sur moi.

PIERRE.
Et je vous ai fait peur ?

CALISTE.
D'abord un peu... Mais bientôt, à vos regards émus, à vos paroles pleines de compassion, je reconnus mon libérateur. Ah ! comment m'expliquer un si vif intérêt ?... peut-être étiez-vous attaché à ma famille.

PIERRE.
Votre famille... par exemple ! des entêt... Non, Dieu merci, je n'ai jamais eu affaire à votre famille. D'abord elle m'aurait méprisé dans ce temps-là... à présent, c'est autre chose, morbleu ! Tenez, je suis trop franc pour vous cacher ce que je pense. Quand j'entends parler d'un ci-devant, n'importe lequel, d'un homme qui se pare de je ne sais quel titre pour humilier ses concitoyens, ses égaux, ça m'irrite, ça me fait mal. Ce n'est pas pour vous que je dis ça : vous êtes si aimable, si bonne !... Au fait, qu'est-ce que vous avez besoin de leur prétendue noblesse ? est-ce qu'avec votre air, votre esprit, votre mérite, vous n'êtes pas faite pour commander à tout le monde ?... même ici ? c'est vrai : vous me diriez de me jeter par cette fenêtre... Dieu me pardonne, je crois que... car vous êtes bien innocente des folies de vos parens ou de vos amis . Et voilà ce qui me révolte, moi, c'est de voir la vertu la plus pure confondue avec... Oui, c'est ce qui fait que je donnerais ma vie pour vous épar_

guer un chagrin ou pour vous procurer un plaisir. Aussi, je n'ai rien oublié... Tenez, voilà des cahiers...

CALISTE, *allant au fond.*

Toute ma musique! que de souvenirs !

Elle feuillète les cahiers de musique.

PIERRE.

A la bonne heure ! elle ne réfléchit plus ! voilà ce que je veux.

CALISTE.

Ah !

PIERRE.

Qu'est-ce donc ?

CALISTE.

Voici la romance que j'étudiais la veille du jour où je fus arrêtée, *l'Adieu d'un exilé,* celle que monsieur Alfred avait laissée au château.

PIERRE.

Monsieur Alfred ?

CALISTE.

Alfred de Nerval.

PIERRE.

Ah ! oui, le marquis ! ce chef de bande redoutable que votre oncle...

CALISTE, *vivement.*

Non. Oh! ne le croyez pas. Un jeune homme brave, hardi, généreux, aimant avant tout la patrie, comme vous, autant que vous, et appelé en d'autres temps, à ce que disait mon oncle, aux plus brillantes destinées. On s'est servi de son nom, on l'a engagé dans une intrigue qu'il désavouait. Proscrit alors, poursuivi, réduit à se défendre, et blessé même dans sa fuite, il vint demander un asile chez mon oncle, dont les idées n'étaient pas les mêmes, mais qui, par égard pour son nom, le cacha cependant quelques jours avec le plus grand soin.

PIERRE.

Oui, il y a dix-huit mois... ça a fait assez de bruit ! Et qu'est-ce qu'il est devenu, le particulier ?

CALISTE.

Repoussé par les deux partis, il a dû sans doute s'expatrier.

PIERRE.

Eh bien ! à la bonne heure, bon voyage ! je lui conseille pour sa santé de rester de l'autre côté ; sinon, morbleu ! le cachot et...

CALISTE.

Pierre !

Elle va s'asseoir à gauche.

PIERRE.

Pardon, j'ai tort de parler de ça devant vous; c'est plus fort que moi... Et tenez, pour ne pas recommencer, je m'en vais... (*Fausse sortie.*) J'avais pourtant quelque autre chose à vous dire, un petit service à vous demander.

* Pierre, Caliste.

CALISTE.

Un service ! à moi ! Ah ! parlez, parlez ! je serai trop heureuse...

PIERRE.

Oh ! il ne s'agit pas de moi... Vous saurez que j'ai depuis deux jours un nouveau prisonnier.

CALISTE.

Un autre !

PIERRE.

Je ne vous en ai pas encore parlé, parce que quand vous êtes là, je ne sais pas comment ça se fait, mais je ne pense plus à personne... Le chef du poste me l'a recommandé, et je l'ai logé là-bas, de l'autre côté du préau.

CALISTE, *allant au fond regarder par la croisée.*

Là-bas ?

PIERRE.

La muraille tourne, vous ne pouvez pas voir sa croisée d'ici... celle-là, par exemple, a des barreaux solides.

CALISTE *.

Si près de moi, un compagnon d'infortune !

PIERRE.

Valentin Reynaud, un peintre, une espèce d'artiste en sous-ordre, un drôle qui fait un peu de tout... il se trouve compromis au sujet de quelques chansons contre le régime actuel, et le régime actuel n'aime pas les plaisanteries déplacées. Dès le premier jour de son arrivée, je l'avais fait mettre au secret sans plume, ni papier, ni encre, de peur des chansons. Ah bien oui ! j'entre, et je trouve mon gaillard tapi dans un coin, le nez en l'air et marmottant je ne sais quoi... Je lui demande ce qu'il fait là, il me répond qu'il compose des vers.

CALISTE.

Des vers !

PIERRE.

Des grands vers cette fois ; pour ma part, je n'y entends pas grand' chose... mais je me suis dit : Parbleu ! mam'selle Caliste doit aimer la poésie, ça pourra la distraire. Alors j'ai écrit tant bien que mal sous sa dictée.

CALISTE.

Ah ! voyons.

Lisant :

« De la captivité qu'importent les entraves ?
» Qu'importe que ces murs, ces grilles, ces verrous,
» Comme un tombeau se referment sur nous?
» Le corps est enchaîné, les membres sont esclaves,
» Mais la pensée est libre ! Oui, du faible opprimé
» L'âme peut s'élancer par delà cette voûte,
» Et dans l'espace ouvert se frayer une route
» Vers l'âme, errante aussi, de quelque objet aimé. »

Ah ! que cela est touchant !

PIERRE.

Hein ! touchant ? elle s'attendrit !... Ah ça !

* Caliste, Pierre.

voyons, je vous ai apporté ça pour vous faire plaisir et non pas... Où diable a-t-il été faire des vers touchans? Ah! je veux lui apprendre...

CALISTE.

Mais le service dont vous me parliez?

PIERRE.

Ah! voici. Il s'était apitoyé en entrant sur le sort d'une pauvre vieille tante que son arrestation laissait sans ressource; alors je lui ai dit : Parbleu! mon garçon, pourquoi diable t'amuser à composer des vers? à quoi ça rime-t-il? au lieu de ça, puisque tu es peintre, fais-nous quelque dessin, quelque tableau dont le prix servira à soulager la pauvre femme. Voilà un crayon, voilà tout ce qu'il te faut... je me charge de trouver des amateurs et de faire passer à la vieille.

CALISTE

Encore une bonne action!

PIERRE.

Allons donc! c'était tout simple.

CALISTE.

Eh bien?

PIERRE.

Eh bien, il s'est mis sur-le-champ à crayonner un petit paysage; mais comme je ne m'y connais pas, j'ai pensé à vous le montrer, toujours pour vous amuser d'abord, et ensuite pour que vous me disiez sans façon ce que je peux en demander. Tenez, mam'selle, jetez s'il vous plaît un coup d'œil là-dessus.

CALISTE, *prenant le dessin.*

Eh! mais, ce point de vue, quel souvenir!

PIERRE.

Plaît-il?

CALISTE, *avec émotion.*

Le choix de ce paysage... Est-ce que ce jeune artiste demeurait dans les environs?

PIERRE.

Je n'en sais rien. Mais vous avez encore l'air tout émue... Morbleu! j'ai du malheur aujourd'hui : on croit avoir de bonnes idées, et puis...

CALISTE.

Ah! ce n'est rien... Voilà qui est fort bien... du trait, de la perspective : votre prisonnier a vraiment du talent.

PIERRE.

Ah! tant mieux pour lui!

CALISTE.

Et si jeune, dites-vous?

PIERRE.

Tout jeune. Ainsi son dessin vous plaît?

CALISTE.

Beaucoup.

PIERRE.

Eh bien, gardez-le.

CALISTE.

Que dites-vous? mais le prix?

PIERRE.

On s'en charge.

CALISTE.

Ah! je n'entends pas...

PIERRE.

Ah ça! voyons, voulez-vous me laisser faire?... on réglera ça avec vous quand vous serez libre.

CALISTE.

Libre!...

PIERRE.

Ce qui offre bien quelques difficultés... mais enfin j'ai deux ou trois plans de délivrance dans ma tête; un surtout, le meilleur, qui dépend de vous... Je vous en parlerai quand il en sera temps.. Mais voici l'heure où l'on relève le poste... Vous savez, mon cabinet est dans le corridor, je suis là, toujours là... Dès que vous aurez des idées noires et que vous voudrez les chasser... trois petits coups... présent... Adieu, mademoiselle Caliste.

CALISTE.

Pierre, je ne sais ce que le sort me réserve... je voudrais pourtant un jour ou l'autre vous témoigner ma reconnaissance; mais de ma situation passée il ne me reste rien; tout mon luxe, je le tiens de vous; je n'ai ni bijoux ni objets précieux.

PIERRE.

Hein! est-ce que j'en voudrais?... ce qu'il me faudrait, à moi, ce n'est pas ça... c'est mieux que ça...

CALISTE.

Quoi donc?

PIERRE, *montrant le rosier.*

Que'que chose sans valeur... tenez, par exemple :

AIR : *Ce que j'éprouve en vous voyant.*

De ces fleurs que vous aimez tant
Vous avez pris un soin extrême!
Eh bien! cueillez-moi ça vous-même...
Et vous me renverrez content.

CALISTE.

Se peut-il?.. Ah! soyez content.

Elle va cueillir des fleurs et les présente à Pierre.

Ces fleurs, comme moi prisonnières,
Vous diront que je me souvien
De vos bienfaits..

PIERRE, *les prenant.*

Ne craignez rien,
Ce souvenir me les rend chères...
Le geôlier les gardera bien;
Elles sont là, ne craignez rien,
Le geôlier les gardera bien.

Adieu, mam'selle Caliste, adieu.

SCÈNE IV.

CALISTE.

Singulier homme! sous ces dehors un peu brusques, un si bon cœur! tant d'humanité! Ah! les moindres attentions, celles qu'on daigne à peine remarquer ailleurs, seraient déjà des bienfaits ici!... que dirai-je donc de ses soins, de ses prévenances? Ah! c'est le ciel qui me l'a envoyé! Oh! j'ai maintenant de quoi m'occuper... ce paysage... je ne me trompe pas, c'est bien là le site pittoresque qui avoisine le château de Bierzac, sur la lisière du bois : c'est là qu'il y a dix-huit mois, à la chute du jour, en revenant de la promenade, mon oncle et moi, nous vîmes s'élancer, hors du taillis, un jeune homme blessé; c'était lui!... Alfred de Nerval!... Quelle fut ma frayeur! Mais mon oncle l'accueillit... un si grand nom... tant d'amabilité! et en même temps un caractère si fier, une âme si dévouée... Ah! ma pensée se reporte avec émotion vers ces événemens qui m'ont tant frappée, vers ces jours d'hospitalité qui ont laissé comme une trace de lumière dans mon existence si sombre... (*Elle va au fond, et prélude sur sa harpe; l'orchestre joue en sourdine les premières mesures de l'air qui va suivre.*) A présent, il est libre, lui, il est heureux... que dis-je? avec ses idées, la liberté sur une terre étrangère est-ce le bonheur? Ah! je me rappelle les *Adieux de l'exilé.*

Elle s'accompagne sur la harpe.

Air: *Une fièvre brûlante* (de Richard).

Beau ciel de ma patrie!
Berceau de mes amours!
Aujourd'hui pour toujours
Faut-il que je vous fuie?
Et vous, hélas! ne plus vous voir!
Mon seul bonheur, mon seul espoir!
Adieu... vous que j'adore...

UNE VOIX, *en dehors.*

Au loin je vais souffrir...
Demain vivrai-je encore?
Vous quitter, c'est mourir.

Qu'entends-je! une autre voix!..... je ne me trompe pas... je ne rêve plus... quelqu'un est là qui connaît cette romance... (*Elle se lève et regarde par la fenêtre.*) Comment se fait-il?... de quel côté... je ne puis distinguer... Je veux savoir... Pierre!.. monsieur Pierre!

SCÈNE V.

CALISTE, PIERRE.

PIERRE.

Drôle!... Ah! mam'selle, vous devez être bien en colère!... c'est le peintre, c'est mon prisonnier Valentin, qui s'est permis de mêler son chant au vôtre.

CALISTE.

Quoi! c'est lui!

PIERRE.

Mais je l'ai fait taire tout de suite.

CALISTE.

Oh! le mal n'était pas grand.

PIERRE.

Comment donc? il a risqué de nous compromettre tous... de la musique d'une croisée à l'autre!... si le factionnaire l'avait entendu, je serais dénoncé.

CALISTE.

O ciel!

PIERRE.

Et on vous donnerait peut-être un autre gardien! voilà une punition!

CALISTE.

Ah! oui, pour moi!

PIERRE.

Et pour moi donc!.. Je vous en prie, mam'selle Caliste, quand vous chanterez, fermez votre fenêtre... (*Il va fermer la croisée*.) Chantez tout bas, et surtout ne choisissez pas des romances de ce genre-là... un air suspect, un air prohibé.

CALISTE.

Ce jeune homme le connaissait donc?

PIERRE.

Il connaît tous les airs... il a joué du violon dans un théâtre, à ce qu'il dit.. cet original-là sait tout!

CALISTE.

Il est musicien... ah! mais c'est charmant! quel dommage que la distance...

PIERRE.

C'est la première chose que je me suis dite... s'il était là, au moins, tout près de mam'selle Caliste! un chanteur! vous avez peut-être là pas mal de musique à deux?

CALISTE.

Des duos? oui, cinq ou six.

PIERRE.

Ça ferait un petit concert, ça m'amuserait aussi, moi, de vous entendre... avec ça qu'il est fort gai, fort jovial, ce petit bonhomme, pour quelqu'un qui est au pain et à l'eau; c'est un de ces caractères sans façon, sans conséquence... il me fait des contes, vous passeriez deux heures à l'écouter... autant de pris sur l'ennemi, c'est-à-dire sur la prison.

CALISTE.

Eh bien! y aurait-il du danger?

PIERRE.

A le faire venir?... beaucoup moins qu'à chanter par la fenêtre comme tout-à-l'heure... hormis les heures de ronde, je ne crains pas que personne...Si j'organisais une petite récréation... Si je vous amenais le voisin, est-ce que ça vous ferait bien plaisir?

CALISTE.

Sans doute.

* Pierre, Caliste.

PIERRE.

Je l'avais deviné... eh bien! il est là.

CALISTE.

Comment?

PIERRE.

Dans le corridor, à votre porte.

CALISTE.

Déjà?

PIERRE.

Est-ce que ce n'est pas mon bonheur d'aller au devant de toutes vos idées?

CALISTE.

Mais, mon Dieu! je n'étais pas préparée à la visite d'un étranger.

PIERRE.

Bah! qu'est-ce que ça fait? avec un original comme celui-là... vous, d'ailleurs, qui êtes si peu coquette...

CALISTE.

Non, permettez, je rentre un instant... Vous ferez les honneurs de mon *salon*... N'êtes-vous pas mon maître des cérémonies?

PIERRE.

Des cérémonies... ce n'est pas mon fort.

SCÈNE VI.

PIERRE, *puis* VALENTIN.

PIERRE.

De la toilette!... oh! les femmes!... même en prison!... C'est singulier, elle n'a jamais pensé à en faire pour moi... apparemment que je ne suis pas un étranger pour elle... Oh! si je le croyais! si j'osais penser!... mais l'autre qui m'attend... Par ici, mon garçon; tu peux entrer.

VALENTIN, *entrant, et regardant vivement de tous côtés* **.

Ah! ah! tu es tout seul?

PIERRE.

On m'a dit de te faire des cérémonies; prends une chaise.

VALENTIN.

Voilà donc la prison de cette demoiselle!... tiens! tiens! elle est bien mieux logée que moi.

PIERRE.

Parbleu!

VALENTIN, *allant vers la croisée.*

En bon air... la vue de la terrasse... et meublée... peste! quel luxe!

PIERRE.

On te donnera aussi des petits coussins et des roses! il n'est pas dégoûté, ce gaillard-là! (*Valentin fait un accord sur la harpe.*) Veux-tu bien ne pas toucher... Il n'a pas le moindre usage.

* Caliste, Pierre.
** Valentin, Pierre.

VALENTIN.

Dis donc, citoyen geôlier, sais-tu que je suis un peu embarrassé?

PIERRE.

Comment?

VALENTIN.

Tu m'as dit, avec ton air agréable accoutumé, de te suivre jusqu'ici.

PIERRE.

Oui... j'ai mes raisons pour ça.

VALENTIN.

J'aurais pu refuser... car enfin en prison on est bien libre...

PIERRE.

On n'est libre de rien du tout, entends-tu? quand le geôlier parle, marche!

VALENTIN.

A la bonne heure... si ce sont là tes raisons... mais à présent que je vais me trouver en face de cette personne, qu'est-ce que je vais lui dire?

PIERRE.

Allons donc! toi qui n'as pas tout-à-fait l'air d'un sot... Ce n'est pas l'embarras, si tu n'as pas l'habitude de parler aux dames...

VALENTIN.

Il est vrai que...

PIERRE.

C'est délicat!

VALENTIN.

Et puis ce costume...

PIERRE.

Bon! ne va-t-il pas s'occuper aussi de sa toilette?... Tu es mille fois trop beau pour un prisonnier... Ah ça, ne te laisse pas intimider... écoute d'abord... nous sommes ici pour la distraire; voici ta consigne: premier point: tu seras aimable, tu seras gai, comme moi; et puis, second et principal point: puisque tu es peintre, tu examineras bien son profil, et, sans qu'elle s'en aperçoive, tu me crayonneras un petit dessin, un petit portrait.

VALENTIN.

Ah! son portrait?

PIERRE.

Tu as tout ce qu'il te faut?...

VALENTIN.

Oui, j'ai là mon calepin...

PIERRE.

Je te payerai ça... je ferai ajouter des hors-d'œuvre à ton déjeuner... Chut!... la voilà!

VALENTIN.

Ah!

PIERRE.

N'aie pas peur, je suis là... je vais te présenter...

Il passe à droite.

SCÈNE VII.

CALISTE, PIERRE, VALENTIN.

PIERRE.

Mamselle Caliste, voilà l'original dont je vous ai parlé... Valentin Reynaud, peintre, musicien, chanteur... Danses-tu?

VALENTIN, *saluant.*

Mademoiselle...

CALISTE.

Monsieur... Ah!

PIERRE.

Qu'est-ce donc?

CALISTE.

N'ai-je pas déjà rencontré monsieur?

PIERRE.

Lui!

VALENTIN, *affectant un air dégagé.*

Ah! si j'avais déjà eu le bonheur de vous voir, mademoiselle, certainement je ne l'aurais pas oublié.

CALISTE.

Pardon... une réminiscence confuse... monsieur j'aurais désiré, pour vous et pour moi, vous recevoir partout ailleurs que dans ce lieu... mais je n'avais pas le choix.

VALENTIN.

Ah! ce n'est pas moi qui m'en plaindrai, mademoiselle; la captivité près de vous équivaut à la liberté, car elle est volontaire.

PIERRE.

Oh! oh! peste! il est galant par dessus le marché... Ces diables d'artistes... ne faites pas attention.. il disait qu'il ne savait pas parler aux dames! Sans son costume, Dieu me pardonne, il aurait l'air d'un ancien régime.

VALENTIN, *riant.*

Ha! ha! cette idée!... Mon Dieu! je n'y mets pas de finesse, moi... Je dis tout bonnement les choses comme elles me viennent.

PIERRE.

A la bonne heure, mon garçon; mais tâche qu'elles te viennent autrement; car les phrases, vois-tu, ne prouvent pas grand' chose, et mam'- selle Caliste ne les aime pas... Ce qu'il faut ici, c'est de la franchise et de la bonne humeur... N'est-ce pas, mam'selle Caliste?

CALISTE, *préoccupée.*

Plaît-il?

PIERRE.

Qu'est-ce que vous allez chanter à vous deux?

CALISTE.

Oh! le duo que vous voudrez, le premier venu, n'importe!

PIERRE, *bas, à Valentin.*

Voilà le moment d'examiner le profil pendant qu'elle chantera.

VALENTIN, *cherchant des morceaux de musique.*
Les soupirs.

PIERRE, *apportant la harpe sur le devant du théâtre.*

Non, pas de soupirs, c'est trop triste.

VALENTIN.

Le Retour... Ah! oui, le retour, c'est fort joli! Connaissez-vous cette romance, mademoiselle

CALISTE.

Oui, monsieur.

VALENTIN.

Eh bien! si vous voulez...

CALISTE

Sans doute.

PIERRE.

Va pour *le Retour**.

VALENTIN.

Quant à moi, je ne me fais pas prier.

PIERRE.

Parbleu! je l'espère bien!

VALENTIN.

Cependant...

PIERRE.

Quoi donc?

VALENTIN.

Tu n'es pas musicien, toi.

PIERRE.

C'est vrai.

VALENTIN.

Je crains vraiment de t'ennuyer.

PIERRE.

Toi, c'est possible, mais mam'selle...

VALENTIN, *à part.*

Il va rester là!... maudit geôlier!

CALISTE.

C'est à monsieur de commencer.

PIERRE, *s'asseyant.*

Écoutons.

VALENTIN, *tenant un cahier à la main.*

AIR : *Soleil de la Bretagne.*

Salut, ô lieux chers à mon souvenir!
Riant séjour, qu'habita mon amie,
A votre aspect, je renais à la vie,
Et mon cœur bat d'ivresse et de plaisir.

PIERRE.

Pas mal!

CALISTE, *s'accompagnant sur la harpe.*
O ciel! surprise extrême!
Oui, c'est lui...

PIERRE.

Eh bien! allez donc, mamselle.

CALISTE.

C'est lui-même.

VALENTIN.

Ah! ces traits! cette voix!
C'est elle! je la vois...

* Pierre, Caliste, Valentin.

ENSEMBLE.

Ah! quel transport! par quel charme nouveau
En ce moment mon âme est attendrie!
Quand l'exilé revient dans sa patrie,
De toute sa vie
Ce jour est le plus beau.

PIERRE.

Bravo! c'est très-gentil! Voyons la suite...
(*Se levant.*) Chut! attendez! du bruit en bas!...
Quel mouvement!... Que se passe-t-il donc?...
Ah! mon Dieu! est-ce que nous sommes déjà au 15 prairial?

VALENTIN.

Mais oui, décadi.

PIERRE.

Jour d'inspection... Je m'embrouille toujours avec nos nouveaux mois, ça fait une confusion d'almanachs *!

VOIX, *en dehors*.

Citoyen Bras-de-fer!

VALENTIN.

C'est toi qu'on appelle.

PIERRE.

Eh! oui, c'est le guichetier Léonidas... Que le diable t'emporte!... ça commençait à m'amuser beaucoup... Viens avec moi, je vais te faire rentrer bien vite, et... (*refermant la porte brusquement*) non, tais-toi, quelqu'un là, dans le corridor...

VALENTIN.

Ah! Léonidas est dans le défilé!

PIERRE.

Chut, donc! reste là, ne bouge pas... il ne faut pas qu'on te voie sortir d'ici... ma responsabilité...

VOIX, *en dehors*.

Citoyen Bras-de-fer!

PIERRE.

Eh! me voilà... un moment donc!... Et toi, de côté... loin de la fenêtre... là... je vais leur parler... 15 prairial!... décadi...

~~~~~~~~~~~~~~~~~~~~~~~~~~

SCÈNE VIII.

CALISTE, VALENTIN.

CALISTE.

Ah! je tremble! s'il s'était exposé à quelque danger... que disent-ils?... écoutez...

VALENTIN.

Le bruit s'éloigne... on est sorti du corridor... on descend l'escalier... quel bonheur!... Caliste, je n'ai qu'un instant pour vous parler.

* Caliste, Valentin, Pierre.

CALISTE.

Silence! Alfred!...

VALENTIN.

Ah! vous ne m'aviez pas oublié!

CALISTE.

Vous ici! ignorez-vous quels dangers vous y attendent?... votre tête est menacée!

VALENTIN.

Oui, je le sais, car mon nom me tient lieu de crime.

CALISTE.

Imprudent! je vous croyais en sûreté!

VALENTIN.

J'étais bien loin d'ici.

CALISTE.

Et qui vous a forcé de revenir?

VALENTIN.

Le désir de revoir mon pays, et une femme dont le souvenir m'a suivi partout... Vous, Caliste, vous que j'aime depuis le premier jour où je vous ai vue.

CALISTE.

Alfred!

VALENTIN.

Ah! mes vœux étaient purs comme vous, et le seul parent que vous aviez au monde a daigné, en mourant, les encourager.

CALISTE.

Qu'entends-je!

VALENTIN.

Eh bien! oui... votre oncle... C'est là ce qui me ramène à travers les dangers et les obstacles... j'ai voulu à tout prix connaître votre sort. Quel fut mon désespoir quand j'appris que vous étiez renfermée ici. J'errais autour de votre prison, je tâchais de vous apercevoir... je me figurais vous entendre; mais, hélas! je n'avais avec moi que votre image adorée... oui, un portrait que j'avais dessiné de souvenir, et qui est toujours là... sur mon cœur... (*Il lui montre le portrait. Caliste lui tend la main, qu'il baise vivement.*) Un jour, on m'arrêta pour un autre... oh! que je fus heureux, oui, heureux d'entrer dans ces murs... J'étais près de vous... mais comment vous voir?... Je fis tout ce que me suggéra mon geôlier, des vers, des dessins, de la musique; je tâchai de mettre là tous mes souvenirs, toute mon âme!... Enfin il me fournit l'occasion si ardemment désirée, il m'ouvrit cette porte, et me voici près de vous, joyeux et fier d'expier par ma mort, s'il le faut, le bonheur de vous avoir revue.

CALISTE.

Votre mort!

VALENTIN.

Eh! que m'importe l'avenir?... je suis heureux maintenant si vous m'aimez!

CALISTE.

Si je vous aime!... Ah! monsieur Alfred, en

d'autres temps j'aurais pu vous répondre, mais ici, pourquoi nous préparer des regrets inutiles ?

VALENTIN.

Quand c'est le ciel qui nous rassemble !... Oui, nous sommes unis par le malheur ; orphelins tous les deux, le même sort nous a frappés !

CALISTE.

Et le même avenir nous attend peut-être !

VALENTIN.

Eh bien ?

On entend le verrou.

CALISTE.

C'est lui !... prenez garde.

VALENTIN.

Ne bougez pas !... (Saisissant son crayon et le portrait.) Là, c'est cela !

SCÈNE IX.

CALISTE, VALENTIN, PIERRE.

PIERRE, *tenant un papier à la main. Il a l'air très-préoccupé pendant toute cette scène.*
Quelle alerte !

VALENTIN.

Mademoiselle, si vous voulez vous tourner un peu de profil...

PIERRE.

Qu'est-ce que c'est ?... (*Regardant le portrait.*) Tiens, tu as déjà fini ?

VALENTIN.

A peu près... Tu vois, il ne me faut qu'une séance...

PIERRE.

Et elle posait ?

VALENTIN.

Oui, elle a consenti...

PIERRE, *passant du côté de Caliste.*

Eh ! mais, mam'selle, qu'avez-vous donc ?

CALISTE.

Moi... je craignais quelque danger...

PIERRE.

Bah ! ils ne se sont aperçus de rien... des bavards, des faiseurs d'embarras ! Ils sont venus renouveler nos consignes à cause de ce commissaire qu'on attend de Paris.

CALISTE.

Ah ! oui, pour la visite des prisons, et qui doit faire mettre les innocens en liberté.

PIERRE.

Oui, oui, je suppose... (*A part.*) Si elle savait...

VALENTIN.

Que tiens-tu là ?

PIERRE.

C'est une grande liste avec des signalemens...

Voilà les noms de quelques émigrés qu'on soupçonne d'être rentrés en France : le comte de Savenay, le chevalier de Versac, le marquis de Nerval...

CALISTE.

O ciel !

VALENTIN.

Bah ! vraiment ?

PIERRE, *allant à Valentin, et lui frappant sur l'épaule.*

Ah ça, mon garçon, à présent tu vas sortir... Il n'y a plus personne.

VALENTIN.

Est-ce que tu ne veux pas que j'achève le...

PIERRE.

Non, non, pas aujourd'hui... Voici l'heure de la promenade... tu vas descendre dans le préau.

VALENTIN.

Mais...

PIERRE, *en colère.*

Ah ça !

CALISTE.

Monsieur Pierre !

PIERRE.

Pardon, mam'selle, c'est qu'il ne comprend pas que j'ai à vous parler.

CALISTE.

A moi ?

PIERRE.

Oui, oui.

CALISTE.

Adieu, monsieur Valentin, obéissez.

VALENTIN.

Au revoir, mademoiselle ; oh ! je reviendrai !

PIERRE.

Descends vite... Est-ce que tu ne connais pas le chemin ?

SCÈNE X.

CALISTE, PIERRE.

CALISTE, *assise, à part.*

Son nom sur cette liste ! et ce signalement !... Pierre va le reconnaître.

PIERRE, *refermant la porte.*

Là, m'en voilà débarrassé !... Je ne sais, mais ce petit bonhomme a quelque chose de particulier.

CALISTE.

Je n'ai rien remarqué, je vous assure.

PIERRE.

Et vous-même tout-à-l'heure, quand je suis entré...

CALISTE.

Non... oui... je l'avais interrogé sur sa famille,

et alors, mes souvenirs... ce n'était rien... Tenez, cette émotion est déjà dissipée.

PIERRE, *après une pause.*

Hélas! mam'selle, ça va peut-être recommencer.

CALISTE.

Comment?

PIERRE.

J'ai attendu jusqu'au dernier moment, mais cette visite des prisons... le commissaire va arriver dans l'instant... Ce que j'ai à vous dire est grave, très grave.

CALISTE, *à part.*

Ah! mon Dieu! se douterait-il... (*Haut.*) Expliquez-vous, je vous en prie.

PIERRE.

Eh bien! il ne faut plus vous flatter... on vous oubliait... Encore quelque temps, et vous étiez sauvée peut-être; mais cette visite... Vous allez être jugée, et qui dit jugée... vous avez tout à craindre.

CALISTE, *se levant.*

O ciel!

PIERRE.

Écoutez-moi... depuis long-temps je ne rêvais qu'au moyen de vous rendre à la liberté; une évasion!... il ne faut pas y penser... il s'agit de trouver une manière... légitime.

CALISTE.

Laquelle?

PIERRE.

Mam'selle, je ne suis geôlier que par circonstance; car sans ma blessure qui m'a forcé de prendre un congé, et si j'avais quelque autre moyen de servir mon pays et de nourrir mon vieux père... Mon père était soldat, et je le suis aussi, Pierre Garnier, sergent-major dans la sixième demi-brigade, avec promesse d'avancement.

CALISTE.

Oh! oui, vous méritez toutes les récompenses dues à un homme brave et généreux.

PIERRE.

Il est bien question de ça! c'est de vous surtout qu'il s'agit. Pourquoi êtes-vous persécutée? qu'est-ce qui vous a fait arrêter? quel est votre crime enfin? C'est votre nom, votre nom seul...

CALISTE.

Le nom de mon père! un nom sans tache!

PIERRE.

Noble et suspect, ça suffit. Eh bien! dans ce cas-là il y a un moyen de faire oublier un nom, un titre, qui pourraient nous porter malheur; c'est d'en prendre d'autres plus tranquillisans... ça se fait tous les jours... Vous n'en avez pas entendu parler, du moyen?

CALISTE.

Mais non.

PIERRE.

Eh bien! on choisit quelqu'un, un bon patriote, un homme éprouvé, enfin, un brave homme, et à l'abri de son nom... Par exemple, mam'selle de Bierzac est persécutée; mais qui est-ce qui oserait inquiéter la citoyenne Garnier?

CALISTE.

Qu'entends-je!

PIERRE.

Air : *Au temps heureux de la chevalerie.*

Si vous étiez encor heureux, mamselle,
J' n'aurais jamais cherché, croyez bien ça,
Malgré c' qu'on dit d' l'égalité nouvelle,
  À partager ce bonheur-là.
Mais quand le sort vous condamne à descendre,
Quand il vous frappe avec tant de rigueur,
Et quand j' suis là, près d' vous, laissez-moi prendre
  La moitié de votre malheur;
Oui, je le veux, oui, j'ai le droit de prendre
  La moitié de votre malheur.

CALISTE.

Pierre, mon ami, vous êtes le plus généreux des hommes; vous m'avez sauvée deux fois, vous avez veillé sur moi comme un père sur son enfant, et maintenant... oh! merci, et c'est du fond du cœur que je vous le dis, merci pour vos bontés passées, merci encore pour cette nouvelle preuve de dévouement.

PIERRE, *avec explosion.*

Eh non! par malheur, ce n'est pas du dévouement, ce n'est pas de la bonté; il n'y a pas le moindre mérite dans ce que j'ai fait, puisque je vous aimais, puisque j'en perds la tête, puisque j'étais furieux quand je m'en suis aperçu.

CALISTE.

Ciel!

Elle retombe assise sur son siège.

PIERRE.

Voilà ce que j'avais à vous proposer... Ah! mam'selle Caliste!... si vous... mais non, je conçois... cela doit un peu vous étonner, vous, si pure, à qui on n'a jamais parlé d'amour... aussi, je ne vous demande pas de réponse tout de suite... seulement, le commissaire va arriver, il repartira deux heures après... c'est qu'on mène la besogne vite... enfin, en deux heures, vous aurez tout le temps... Quand vous serez décidée, vous m'appellerez. Quant à présent, pensez à votre intérêt avant tout, et puis à moi, un peu... Ah! mais après, bien entendu... (*Roulement de tambour.*) Voilà le représentant qui arrive... Elle ne répond pas... il semble que si j'étais à sa place, je dirais oui ou non... je ne sais plus que penser... (*On entend battre aux champs.*) Allons!

~~~~~~

SCÈNE XI.

CALISTE, *seule.*

Il m'aimait! lui!... il oserait... allons! malheureuse! est-ce à ma fierté de se révolter! Il m'aimait! oh! non, cette offre qu'il m'a faite n'est qu'un détour généreux pour écarter de moi ce nouveau péril... Si pourtant c'était vrai?... s'il m'aimait! Ah! malgré la bonté de son cœur, sa jalousie serait violente, emportée, et s'il venait à découvrir le secret M. de Nerval... je tremble; pauvre jeune homme! les mêmes dangers le menacent aussi; il faut le prévenir, il faut qu'il redouble de précautions. Mais comment faire? il doit être à présent dans le préau... (*Courant à la fenêtre.*) Je ne puis l'apercevoir... et... Ah! mon Dieu!... debout, en face, sur la petite terrasse!... suspendu sur l'abîme!... c'est lui! comment a-t-il pu arriver là?... que me veut-il? il me fait signe; il veut parvenir jusqu'à cette fenêtre... non, non... que de danger!... le malheureux!... arrêtez!... Ah!

Elle se cache le visage et recule.

SCÈNE XII.

VALENTIN, CALISTE.

VALENTIN, *descendant dans la chambre par la croisée.*

M'y voilà!

CALISTE.

Ciel!

VALENTIN.

Caliste, revenez à vous... c'est moi, moi qui vous aime...

CALISTE.

Malheureux! comment avez-vous osé... si l'on vous avait vu?...

VALENTIN.

Non, non, personne... ils se sont tous éloignés pour recevoir cet envoyé de Paris... j'ai voulu vous avertir du nouveau danger.

CALISTE.

Je le connais.

VALENTIN.

Et moi je l'avais prévu... peut-être y aura-t-il quelque moyen de fuir... déjà deux de vos guichetiers, gagnés à prix d'argent...

CALISTE.

Que dites-vous? abuser de sa bonne foi... le compromettre...

VALENTIN.

Quoi! c'est pour lui, pour cet homme...

CALISTE.

Mais cet homme, c'est pour moi un bienfaiteur, un ami.

VALENTIN.

Comment?

CALISTE.

Ce n'est pas tout encore, et la prudence est maintenant plus nécessaire que jamais; apprenez que tout-à-l'heure il m'a dit...

On entend Pierre parler en dehors.

VALENTIN.

Ciel!

CALISTE.

C'est lui!

VALENTIN.

Le geôlier?

CALISTE.

Ah! mon Dieu! s'il vous trouve ici, comment expliquer?... il sera furieux! vous vous perdez et moi-même avec vous!

VALENTIN.

Vous, Caliste, oh! jamais! je puis encore... par cette fenêtre...

Il va au fond.

CALISTE, *l'arrêtant.*

Non, oh! non!... cachez-vous... entrez là!... (*Elle le fait entrer dans sa chambre.*) Silence!... remettons-nous!

SCÈNE XIII.

CALISTE, PIERRE.

PIERRE, *animé et joyeux.*

C'est encore moi; pardon, mam'selle; ne croyez pas que je revienne pour vous presser de me répondre.

CALISTE.

Non?

PIERRE.

Au contraire... une bonne nouvelle! Quoi qu'il m'en coûte, j'ai renoncé au projet dont je vous avais parlé.

CALISTE, *préoccupée.*

C'est bien... je vous approuve.

PIERRE.

Ah! vous m'approuvez?

CALISTE.

Oh! pardon, je ne sais ce que je dis, je suis un peu souffrante.

PIERRE.

Ah! mon Dieu! est-ce que ce serait l'effet de ma proposition?... j'en souffrais tout le premier, c'est vrai... j'avais l'air de vous vendre votre liberté?... c'était mal... je voulais me punir... je cherchais un autre moyen.

CALISTE.

Un autre!

PIERRE.

Et je l'ai trouvé... la circonstance la plus heureuse... le commissaire envoyé à Bordeaux, c'est justement le représentant Westermann, mon ancien général, qui vient en même temps rejoindre sa division... celui pour qui j'ai reçu cette blessure. Il a de la mémoire celui-là! il s'est souvenu de ce qu'il m'avait promis... oui, vous serez libre, aujourd'hui même peut-être!

CALISTE.

Aujourd'hui!

PIERRE, *montrant un papier.*

J'ai mis votre nom sur cet ordre de délivrance; je vais le présenter à la signature du général, et tout sera dit... Et alors, alors, une fois libre et maîtresse de vous-même, si vous daignez vous souvenir qu'il y a dans le monde quelqu'un qui vous aime de tout son cœur... si jamais votre choix tombait sur lui, oh! alors, quel bonheur! oui, rien que du bonheur et pas de remords... car il ne craindra plus qu'on l'accuse d'avoir profité de votre position.

CALISTE.

Oh! que de délicatesse! et que je voudrais y répondre dignement!... Oui, Dieu m'en est témoin, si le don de ma vie pouvait suffire, j'en ferais avec joie le sacrifice...

PIERRE, *allant vers la porte.*

Eh bien! attendez... attendez...

CALISTE.

Un moment, de grâce!

PIERRE.

Plaît-il? vous me rappelez?

CALISTE, *à part.*

Ah! je n'ose... et cependant quand je puis le sauver peut-être!... (*Haut.*) Mon bon Pierre!

PIERRE.

Hein? mon bon Pierre, avez-vous dit!... ah! parlez, j'attends vos ordres.

CALISTE.

Pierre, serez-vous généreux à demi?... et cet autre prisonnier, ce pauvre jeune homme?

PIERRE.

Valentin?... ma foi je n'y pensais plus.

CALISTE.

Ne serait-il pas possible en même temps...

PIERRE.

Oh! pour celui-là, un pauvre diable! un faiseur de chansons!... Le général se soucie bien de ça!... et puis, les prisons sont trop pleines; du moment que vous le désirez, je m'intéresserai à lui par dessus le marché.

CALISTE, *à part.*

Ah! que Dieu me le pardonne! mais je le devais.

PIERRE, *allant écrire à la table.*

Son nom là-dessus... Les mauvaises plumes! vous n'en avez pas d'autre dans votre chambre?

Il fait un pas vers la chambre à droite.

CALISTE, *se plaçant au devant de lui.*

Non.

PIERRE.

Ah bien, je remplirai ça en bas.

CALISTE.

Ah! s'il vous plaît, ne fermez pas cette porte en dehors.

PIERRE.

Pourquoi donc cela?

CALISTE.

Je vous l'ai dit; je suis émue, souffrante, j'ai besoin de prendre l'air, et je vous demanderai la permission de me promener un instant dans le préau.

PIERRE.

Comment donc? je vais vous conduire.

CALISTE.

Non, pas encore... quand l'autre prisonnier sera remonté.

PIERRE.

C'est juste.

CALISTE.

Allez, je vous en prie... allez, mais allez donc!

PIERRE, *à part.*

C'est singulier!... voilà la première fois qu'elle me renvoie!

Il sort en l'examinant avec défiance.

~~~~~~

SCÈNE XIV.

VALENTIN, CALISTE.

CALISTE, *allant ouvrir la porte de droite.*

J'en rougis! le tromper... lui si honnête, si bon!... Alfred! venez, venez, vous n'avez qu'un moment, descendez vite!

VALENTIN.

Où est-il?

CALISTE.

Auprès du représentant; il lui demande votre grâce et la mienne.

VALENTIN.

Libres! tous deux! oh! dites-moi, de grâce, hors de cette prison, où vous reverrai-je?

CALISTE.

Me revoir! ô ciel! tandis que lui, il cherche à vous sauver... moi, je vous promettrais!... non, non; adieu!

VALENTIN.

Caliste, dites-moi que je vous reverrai, que cet adieu n'est pas le dernier.

CALISTE, *le repoussant.*

Alfred, par pitié pour vous-même...

VALENTIN.

Un seul mot d'espoir, et je pars... un refus, et je reste... ah! Caliste! chère Caliste!

Il se jette à ses genoux. La porte s'ouvre.

CALISTE.

Ciel! c'est lui!

~~~~~~

SCÈNE XV.

CALISTE, VALENTIN, PIERRE.

PIERRE, *stupéfait.*

Ah! (*Il s'avance vers Valentin, qui est resté à genoux.*) Citoyen, tu es un lâche!

VALENTIN, *se relevant.*

Arrière, monsieur! vous ne savez pas à qui vous parlez.

PIERRE.

Je parle à un misérable qui a profité de ma bonté pour s'introduire ici, pour insulter une femme que je protége*, une femme qui te repousse... car je viens de le voir.

VALENTIN.

Que vous importe?

PIERRE.

Retourne à l'instant même dans ton cachot, que je vais refermer sur toi. Tu étais libre; tiens, ta grâce, que j'avais demandée, la voilà... eh bien! je la déchire...

CALISTE, *s'élançant pour lui retenir le bras.*

Arrêtez!

PIERRE.

Quoi! mam'selle, après sa hardiesse, vous l'excusez, vous le défendez?... cet homme était là, à vos pieds, il vous parlait d'amour, lui, un aventurier que vous ne connaissiez pas il y a deux heures... et maintenant il vous intéresse à ce point-là!... Ah! mam'selle, moi, qui avais toujours eu pour vous tant de respect, tant d'estime! vous seriez capable!...

VALENTIN, *avec élan.*

Avant tout, point de suppositions injurieuses! n'accusez pas mademoiselle de Bierzac d'un choix indigne d'elle... elle a pu sans rougir accueillir les vœux...

PIERRE.

D'un Valentin Reynaud?

VALENTIN.

Du marquis de Nerval.

CALISTE.

Ciel!

PIERRE.

Le marquis de Nerval!

CALISTE.

Ah! malheureux! qu'avez-vous fait?

PIERRE.

Ah! Dieu soit loué!... le marquis de Nerval, dont la tête est mise à prix,.. le voilà, et il a osé paraître ici!... et pour ajouter à tant d'audace, il n'a pas craint, ce noble, d'abuser de ma confiance, de mon aveuglement, de ma bonté... d'accord avec vous, mam'selle? Ah! tous les deux, ici, ensemble, vous avez dû me trouver bien ridicule... car c'est moi, moi qui vous ai rapprochés!... Oh! cette idée!... Riez donc, mon gentilhomme, riez encore; mais hâtez-vous, car le temps presse, et vous avez joué votre tête à ce jeu-là!

Il va à la porte.

CALISTE **.

Ah! monsieur Pierre!

PIERRE.

Laissez-moi! Tout le monde ici!

CALISTE, *se mettant au devant de lui.*

Pierre, je ne vous ai pas trompé. Ce matin, quand le marquis m'a révélé son nom, pouvais-je le trahir? il m'aimait, il avait l'aveu de mon oncle, et comme vous, pour me sauver, au risque de sa vie, il s'est introduit dans cette prison,... tout-à-l'heure encore, par là. Est-ce là le fait d'un traître, d'un lâche? est-ce là se jouer de vous?

PIERRE.

Ah! laissez-moi!

CALISTE.

Il est perdu! Pierre!...

PIERRE.

Jamais!...

CALISTE.

Écoutez. Vous aussi vous m'aimez, vous me l'avez dit.

VALENTIN.

Qu'entends-je?

CALISTE.

Vous m'avez demandé ma main... eh bien! sauvez-le, qu'il vive, et je suis à vous.

VALENTIN.

Caliste!

PIERRE.

Ciel! vous consentez! il serait possible! A moi? Oh! répétez.

CALISTE, *retombant sur son siége.*

Oui.

PIERRE.

Vous vous cachez le visage... vous pleurez... Ah! vous l'aimez donc bien?

VALENTIN.

Caliste, je n'accepterai jamais...

PIERRE, *l'arrêtant.*

Taisez-vous.

On entend un bruit d'armes au dehors.

VALENTIN.

On vient. Qu'attendez-vous, monsieur? livrez-moi, je suis prêt.

PIERRE, *allant à la porte.*

Restez là, vous autres. *(Il revient vers Caliste et lui présente un papier.)* Mam'selle de Bierzac, vous êtes libre.

CALISTE.

Moi!

PIERRE.

Vous êtes libre. Une voiture est en bas qui va vous conduire d'abord dans une maison honorable, celle de mon père. Ah! j'espérais que vous y entreriez autrement. *(Allant vers Valentin.)* Monsieur le marquis, si vous sortiez d'ici, où iriez-vous?

VALENTIN.

Je retournerais en exil.

PIERRE.

Porteriez-vous les armes contre la France?

VALENTIN.

Moi!

PIERRE.

Si un jour je reprenais du service, si j'allais me battre à la frontière, vous trouverais-je en face de moi?

* Caliste, Pierre, Valentin.
** Pierre, Caliste, Valentin.

* Caliste, Pierre, Valentin.

VALENTIN.

Jamais... Je le jure sur l'honneur.

PIERRE, *lui présentant un autre papier.*

Valentin Reynaud, tu es libre.

CALISTE.

Ciel !

VALENTIN.

Qu'entends-je !

PIERRE.

Je vous ai appelé lâche, et c'est moi qui ai failli l'être. Oh! si je n'avais pas été le plus fort!... Allons, fuyez. Mais non, votre signalement est donné ; seul, vous seriez arrêté... je vous accompagnerai.

VALENTIN.

Vous !

PIERRE.

Vous serez pour elle tout ce que j'aurais voulu être ; elle est seule, sans appui... Ah! vous me répondez de son bonheur!... (*A Caliste.*) Adieu, mam'selle ; je ne vous reverrai plus. Quand vous serez en sûreté là-bas, faites-moi parvenir ici, dans cette chambre où je reviendrai souvent malgré moi, quelque signe pour m'avertir... Tenez, cette fleur que vous m'aviez donnée ce matin ; je saurai alors que vous êtes heureuse, et moi je tâcherai de l'être aussi.

VALENTIN.

Ah ! monsieur !

CALISTE.

Que de bontés !

PIERRE.

Oui, la reconnaissance pour moi, l'amour pour un autre! cela devait être, je suis si peu de chose!... mais je puis devenir... (*On entend de nouveau un bruit de crosses de fusils que l'on pose à terre et la porte s'ouvre.*) Les voilà ! Allons, citoyenne, ne te fais pas attendre. Et toi, mon garçon, dans un instant...

CALISTE, *près de sortir.*

Adieu, Pierre, adieu.

PIERRE.

Ah! c'est l'ennemi qui me payera ça.

FIN.

PARIS. — IMPRIMERIE DE Mme Ve DONDEY-DUPRÉ,
Rue Saint-Louis, 46, au Marais.

www.ingramcontent.com/pod-product-compliance
Lightning Source LLC
Chambersburg PA
CBHW071443060426
42450CB00009BA/2289